El marqués de Lafayette y los franceses

Christine Dugan, M.A.Ed.

Asesora

Katie Blomquist, Ed.S.
Escuelas Públicas del Condado de Fairfax

Créditos de publicación

Rachelle Cracchiolo, M.S.Ed., *Editora comercial*
Emily R. Smith, M.A.Ed., *Vicepresidenta superior de desarrollo de contenido*
Véronique Bos, *Vicepresidenta de desarrollo creativo*
Caroline Gasca, M.S.Ed., *Gerenta general de contenido*
Robin Erickson, *Directora superior de arte*

Créditos de imágenes: portada y pág.1 ullstein bild/Granger, NYC; página Lee y responde Library of Congress Prints and Photographs Division [LC-DIG-pga-06988]; págs.4–5 Rex Stucky/Getty Images; pág.5 (superior) Massachusetts Historical Society, Boston, MA, USA/Bridgeman Images; págs.6–7 Photo © Christie's Images/Bridgeman Images; págs.8–9 Bridgeman Images; págs.10, 11, 17, 24–25 Granger, NYC; págs.12–13 Peter Newark American Pictures/Bridgeman Images; págs.14–15 © Look and Learn/Bridgeman Images; pág.16 Library of Congress Prints and Photographs Division [LC-USZ62-100726]; pág.18–19 Bettmann/Getty Images; pág.20 DEA/G. Nimatallah/Getty Images; pág.21 Philippe Lissac/Getty Images; págs.22–23 cortesía de Geographicus Rare Antique Maps; pág.23 Château de Versailles, France/Bridgeman Images; págs.24–25 propiedad conjunta de Crystal Bridges Museum of American Art y The Metropolitan Museum of Art, regalo de Credit Suisse, 2013; pág.26 (superior) Fotografía de Rama; págs.26–27 Photos 12/Alamy Stock Photo; pág.28 United States Government Publishing Office; contraportada Peter Newark American Pictures/Bridgeman Images; todas las demás imágenes cortesía de iStock y/o Shutterstock

Library of Congress Cataloging in Publication Control Number:
2024051883

Se prohíbe la reproducción y la distribución de este libro por cualquier medio sin autorización escrita de la editorial.

5482 Argosy Avenue
Huntington Beach, CA 92649
www.tcmpub.com
ISBN 979-8-3309-0206-4
© 2025 Teacher Created Materials, Inc.

Tabla de contenido

Un héroe nacido en Francia 4

Apoyar la causa 6

Lafayette en Estados Unidos 12

El regreso a Francia 20

La rendición británica 24

Otra vez en casa 26

Glosario 30

Índice 31

¡Tu turno! 32

Un héroe nacido en Francia

En 1777, trece colonias británicas del Nuevo Mundo luchaban por su libertad. Todos los que apoyaban la guerra querían ayudar. Los soldados se preparaban para el combate. Los líderes militares planificaban las batallas. Otras personas remendaban ropa o fabricaban armas.

Fuera de las colonias, el apoyo era más difícil de encontrar. Nadie sabía bien qué pensar de las 13 pequeñas colonias que querían gobernarse a sí mismas. Algunos apoyaban la idea, pero no creían que las colonias pudieran enfrentarse al poderoso ejército británico. Otros pensaban que era una tontería por parte de los colonos abandonar un país que les proporcionaba los productos básicos que necesitaban para vivir.

Pero un hombre sabía que tenía que involucrarse. Era francés de nacimiento y había oído hablar de la guerra de Estados Unidos contra Gran Bretaña. Se presentó como voluntario para pelear por un país que ni siquiera era el suyo.

Ese hombre era el marqués de Lafayette. Amigo de confianza de George Washington y Alexander Hamilton, Lafayette se convirtió en héroe en Estados Unidos. Ayudó a estrechar los lazos entre ambos países. Conocemos su nombre, pero ¿quién fue este héroe?

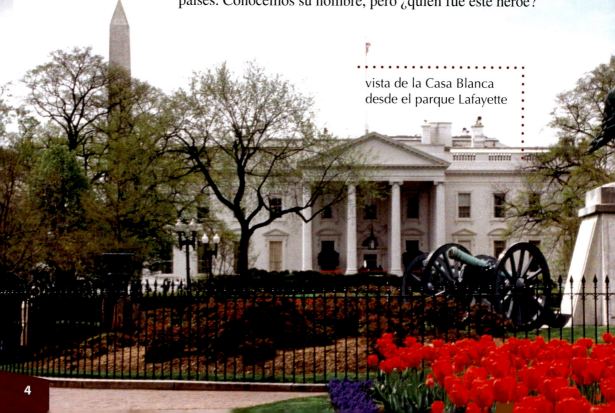

vista de la Casa Blanca desde el parque Lafayette

Gilbert du Motier, marqués de Lafayette

Un título y un nombre

El nombre de nacimiento del marqués de Lafayette era Marie Joseph Paul Yves Roche Gilbert du Motier. "Marqués" es en realidad un título que se da a los nobles en algunos países europeos.

En honor a un héroe

Muchas ciudades, parques y monumentos del mundo llevan el nombre del marqués de Lafayette. El parque Lafayette está junto a la Casa Blanca, en Washington D. C. ¡Todo el parque lleva su nombre!

Madame de Lafayette

Aunque tenían un matrimonio **concertado**, Adrienne tenía mucho en común con su esposo. Ella también tenía un fuerte deseo de justicia y centró su atención en la esclavitud. Incluso llegó a comprar dos plantaciones sudamericanas para liberar a las personas esclavizadas que trabajaban allí y repartirles las tierras.

Una larga rivalidad

Francia y Gran Bretaña estuvieron en bandos opuestos de varias guerras mucho antes del siglo XVIII. De hecho, eran rivales desde 1066. Esa fue una de las muchas razones por las que los franceses decidieron acudir en ayuda de Estados Unidos.

Apoyar la causa

El marqués de Lafayette nació en 1757, en el seno de una familia adinerada. Cuando tenía apenas dos años, su padre murió en combate. Su madre se mudó de la **campiña** francesa a París, y dejó a Lafayette al cuidado de su abuela durante la mayor parte de su infancia. La amabilidad con la que la abuela trataba a los campesinos influyó en cómo percibía Lafayette su vida privilegiada.

Cuando cumplió 11 años, Lafayette se mudó a París para estar con su madre. Por desgracia, ella falleció dos años después. Lafayette recibió una gran **herencia**. A los 14 años, siguió los pasos de su familia y se alistó en el Ejército Real. A los 16, se casó con una mujer llamada Adrienne. Ella también provenía de una familia francesa muy rica y poderosa.

Lafayette podría haber disfrutado de su riqueza y vivido una vida de lujo en Francia. Sin embargo, sus **principios** lo impulsaban a hacer algo más. Le llegaban historias sobre los colonos estadounidenses y creía en su causa. Sentía que tenía que hacer algo para ayudar. Su decisión de viajar a Estados Unidos sorprendió a muchos.

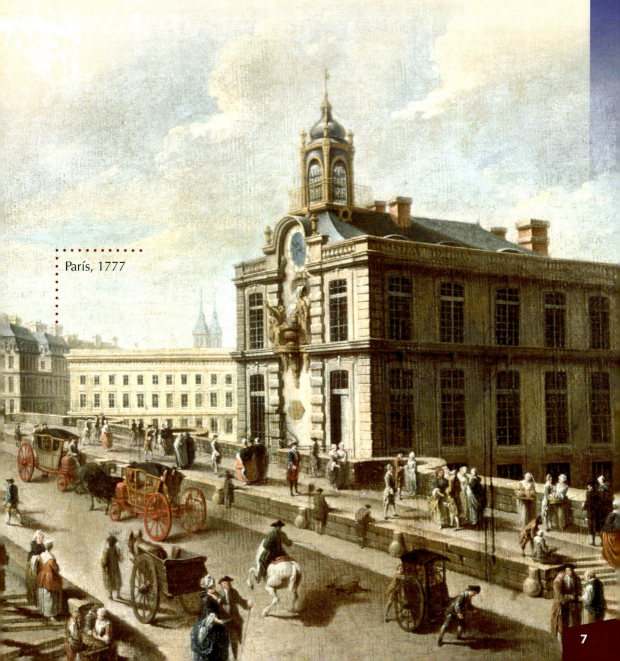

París, 1777

Lafayette pensaba que quienes luchaban por formar un nuevo país eran muy valientes. Tenían el objetivo de crear un país libre de la **tiranía**. Lafayette estaba de acuerdo con lo que intentaban hacer los colonos. En 1777, viajó a Estados Unidos para ayudar a los soldados en todo lo que pudiera. Sabía que eso significaba que él mismo lucharía como soldado. Estaba ansioso por demostrar su valentía en el campo de batalla.

Ayuda de Benjamin Franklin

Lafayette también les pidió a varios oficiales militares franceses que se ofrecieran como voluntarios. Muchos estaban ansiosos por acompañarlo. Benjamin Franklin había llegado a Francia el año anterior. Había hablado sobre la lucha de los colonos. Muchos franceses se interesaron por los estadounidenses gracias a Franklin. Sentían admiración por él. Sus textos y sus ideas sobre la ciencia lo habían hecho muy famoso en Francia.

La guerra comenzó con la batalla de Lexington, el 19 de abril de 1775.

Propaganda de guerra

Algunos de los sucesos que llevaron a la Revolución estadounidense se retrataban en distintos textos y en obras de arte. Ambos bandos usaban la **propaganda** para intentar ganar apoyo en la guerra.

La diplomacia en acción

En 1776, el Congreso envió a Franklin a Francia para intentar convencer a los franceses de que aceptaran a Estados Unidos como país. Los colonos necesitaban tener una potencia mundial de su lado. Con su inteligencia y sus habilidades diplomáticas, Franklin logró convencer a Francia de formar una **alianza**.

Marcharse de Francia

No todos los franceses apoyaban la guerra en Estados Unidos. El rey Luis XVI no quería involucrarse en los asuntos de otro país. Intentaba mantenerse **neutral** para evitar una nueva guerra con Gran Bretaña. No estaba dispuesto a apoyar a un francés que ayudaba a los colonos. Y llegó a emitir una orden que prohibía a los oficiales franceses prestar servicio en Estados Unidos. La orden incluso mencionaba a Lafayette por su nombre. Lafayette sabía que, si quería unirse a la guerra, tendría que **desafiar** a su rey.

Un barco a la venta

Cuando Lafayette se enteró de que el Congreso Continental no tenía dinero suficiente para enviarle un barco, se compró uno. El barco se llamaba La Victoire, que significa "la victoria" en francés. Lafayette estaba dispuesto a utilizar su propio dinero y sus recursos para unirse a la causa.

Por amor o por dinero

La decisión de Lafayette de marcharse de Francia fue aún más sorprendente porque no recibió dinero por ninguno de los trabajos que realizó en Estados Unidos. Decidió luchar con los colonos sin recibir nada a cambio porque su deseo de ayudar era muy fuerte.

Lafayette con el rey y la reina de Francia, Luis XVI y María Antonieta

la partida de Lafayette hacia Estados Unidos

Pero Lafayette se dio cuenta de que era su oportunidad de cambiar las cosas. El rey no se enteró de inmediato de que Lafayette había dejado Francia a escondidas y se había embarcado rumbo a Estados Unidos. Lafayette estaba tan convencido de su decisión que dejó en casa a su mujer embarazada y a su hija pequeña.

La decisión de partir en contra de la orden del rey no fue fácil para Lafayette. De hecho, poco después de zarpar, ordenó que el barco regresara a Francia. Cuando el barco atracó, Lafayette recibió la orden de regresar a su base en Marsella. Antes de que pudiera hacerlo, un amigo lo convenció de que ir a Estados Unidos era la decisión correcta. Una vez más, la tripulación preparó el barco y zarpó. Nada los detendría esta vez.

Lafayette en Estados Unidos

Lafayette tenía 19 años cuando llegó a Estados Unidos, en 1777. Su barco atracó en Carolina del Sur. Desde allí, Lafayette viajó por tierra durante unas semanas hasta llegar a Filadelfia. Aunque era muy joven, el Congreso le concedió el rango de teniente general por pertenecer a la nobleza francesa.

Fue allí donde Lafayette conoció a George Washington. Washington lo llevó a ver el campamento militar que estaba en las afueras de la ciudad. Al principio, Washington se sintió avergonzado por el estado del campamento y de sus tropas. Los soldados estadounidenses no estaban tan bien equipados como los franceses. Tampoco estaban tan bien entrenados. Lafayette le aseguró a Washington que estaba allí para aprender, no para enseñar.

Washington conoce a Lafayette en Filadelfia en 1777.

Tras ese encuentro, el francés quedó impresionado con Washington. Washington se dio cuenta de que Lafayette era un buen aliado. Una conexión con un país importante como Francia sería de gran ayuda. Sin embargo, Washington también sabía que Lafayette no tenía mucha experiencia en la guerra. Lo invitó a vivir en sus cuarteles. Esa era una invitación que no hacía con frecuencia. Washington estaba sorprendido por el deseo del francés de ayudar a los colonos a conseguir su libertad.

George Washington

Como una familia

Muchos historiadores comparan el vínculo entre Lafayette y Washington con el de un padre y un hijo. Lafayette era 25 años más joven que Washington y había pasado gran parte de su vida sin su padre. Es posible que viera al estadounidense como una figura paterna.

En sus palabras

En sus memorias, Lafayette describió su primer encuentro con Washington: "El general Washington llegó a Filadelfia, y M. de Lafayette contempló por primera vez a ese gran hombre. Aunque estaba rodeado de oficiales y ciudadanos, era imposible no reconocer tan majestuosa figura".

Amigos en la batalla

En el campamento de Washington, había otro joven oficial que había nacido en las Indias Occidentales. Se llamaba Alexander Hamilton. Tenía muchas cosas en común con Lafayette. Ambos habían quedado huérfanos desde pequeños. Ambos eran grandes defensores de la Revolución estadounidense. Ambos contaban con el respaldo de Washington. Hamilton era uno de los ayudantes de Washington, lo que significaba que casi siempre estaba cerca. Lafayette y Hamilton se hicieron amigos rápidamente.

Amigos por correspondencia

Lafayette y Hamilton intercambiaron muchas cartas mientras fueron amigos. Solían compartir novedades sobre lo que ocurría en los campos de batalla.

Nuevos amigos

Lafayette y Hamilton se tenían un gran afecto. En una carta a su esposa, Lafayette escribió: "Entre los ayudantes de campo del general, hay un hombre (joven) al que quiero mucho y del que te he hablado alguna vez. Ese hombre es el coronel Hamilton".

Poco tiempo antes, a Hamilton lo habían nombrado ayudante de Washington, un puesto que no le entusiasmaba. Habría preferido permanecer en el campo de batalla. Pero Washington necesitaba más del talento de Hamilton como escritor que de sus habilidades para el combate. Hamilton aceptó el trabajo porque sabía que Washington sería un aliado poderoso. Lafayette se destacaría en el combate, mientras que Hamilton pasaría la mayor parte del tiempo fuera del campo de batalla.

el marqués de Lafayette y George Washington

Herido en combate

Pocos meses después de conocer a Washington, Lafayette luchó en su primera batalla. Fue en septiembre de 1777, y se conoció como la batalla de Brandywine. Lafayette actuó con gran valentía y demostró ser un hombre fuerte y capaz.

Fue una batalla complicada, en parte porque era difícil saber cuándo se acercaban los británicos. En el terreno, había muchos **vados** que los soldados estadounidenses tenían que bloquear. Además, estaban en inferioridad numérica. Pronto, las tropas británicas los rodearon. Lafayette recibió un disparo en la pierna. Aunque estaba herido, logró liderar a un grupo de soldados en su **retirada**. A los soldados les impresionó que Lafayette ayudara a sacar a los hombres de la zona sanos y salvos en esas condiciones.

Lafayette fue trasladado a una casa cercana después de la batalla. Washington envió a su médico personal para que lo atendiera. Le dijo al médico: "Ocúpese de él como si fuera mi hijo, dado que le tengo el mismo afecto".

batalla de Brandywine

Lafayette conduce las tropas hacia la batalla.

Perseverancia

La batalla de Brandywine fue una gran derrota para los estadounidenses. El Congreso no tuvo más remedio que huir porque los británicos tenían el camino libre hacia Filadelfia, la capital de la nación. Sin embargo, el Ejército Continental no estaba dispuesto a retroceder. "La mayoría de mis hombres están de buen ánimo y aún tienen valor para volver a enfrentar al enemigo", afirmó Washington.

Las escondidas

Hamilton tenía una misión diferente durante la batalla. Debía transportar provisiones militares, como zapatos, mantas y ropa, fuera de Filadelfia. La caballería británica le tendió una **emboscada**, pero Hamilton logró escapar.

Confiar en un amigo

El invierno de 1777 a 1778 fue muy duro. Washington y sus tropas acampaban en Valley Forge, Pensilvania. El ejército no tenía dinero para alimentar ni vestir adecuadamente a sus tropas. Las provisiones eran **escasas**. Muchos soldados ni siquiera tenían zapatos. Los hombres se morían de hambre y de frío. Washington utilizó los períodos en que no había combates para entrenar a sus tropas. Saldrían de ese invierno mejor preparados para luchar contra los soldados británicos. Tanto Lafayette como Hamilton se quedaron en el campamento y ayudaron en lo que pudieron. Pero no todos apoyaban al general Washington. Algunos de los demás oficiales pensaban que era débil y querían reemplazarlo.

Washington se reúne con Lafayette en Valley Forge.

En enero de 1778, el **Consejo de Guerra** dio órdenes a Lafayette de abandonar a Washington y liderar una invasión a Canadá. Lafayette no estaba seguro de que un ataque en el territorio del norte fuera un buen plan de acción. El invierno sería brutal para los soldados. Washington le dijo que fuera de todos modos, ya que el ataque probablemente se cancelaría.

Lafayette confió en su amigo. Llevó tropas hasta Albany, Nueva York. Allí descubrió que lo esperaban muchos menos soldados de lo previsto. No había dudas de que enfrentarían una derrota. La invasión se canceló. Lafayette condujo a sus tropas de regreso a Valley Forge.

En sus palabras

Lafayette era un gran defensor de Washington y hablaba en su favor cuando se discutía la idea de reemplazarlo: "Nuestro general es un hombre que nació para llevar a cabo esta revolución, y no podríamos triunfar sin él", escribió.

Los conspiradores de Conway

El oficial francés Thomas Conway encabezó a un grupo de oficiales militares que buscaban reemplazar a Washington al frente del Ejército Continental. Querían poner al mando al general Horatio Gates, presidente del Consejo de Guerra. Este grupo se conoció como "los conspiradores de Conway". Invitaron a Lafayette a unirse, pero el marqués se negó.

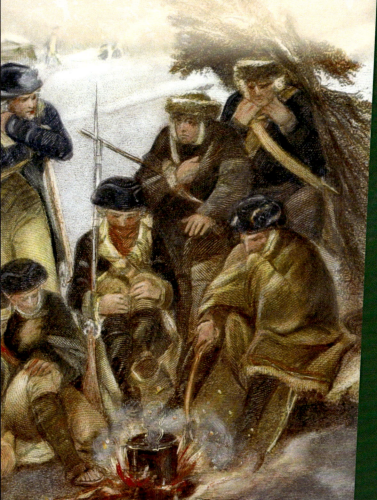

El regreso a Francia

Las batallas continuaron durante 1778. Lafayette demostró tener grandes **destrezas** para la guerra. Hacia fines de ese año, pidió regresar de **licencia** a Francia. El Congreso aceptó y le indicó que regresara "en el momento que le fuera más conveniente". En febrero de 1779, Lafayette zarpó hacia Francia.

Lafayette no se había ido de Francia de la mejor manera. Había viajado a Estados Unidos en contra de los deseos del rey. Cuando regresó a casa, se reunió de inmediato con su familia. Luego lo encerraron en un hotel durante ocho días. No se le permitió ver a nadie excepto a su familia. Había recibido el apoyo de la reina, pero el rey no había hablado con él sobre lo que había hecho. Lafayette debía recibir un castigo por sus actos.

En esos días, el rey se enteró de que muchos pensaban que el encierro de Lafayette no era justo. Entonces, **convocó** a Lafayette y lo elogió por sus acciones en Estados Unidos. Se quedó aún más satisfecho cuando el Congreso Continental honró a Lafayette con una espada de oro por sus servicios.

El tocayo de Washington

En 1779, la esposa de Lafayette dio a luz a un hijo varón. Le pusieron el nombre del amigo más respetado de Lafayette: lo llamaron Georges Washington de Lafayette.

Héroe de los dos mundos

A su regreso a Francia, Lafayette fue nombrado comandante en jefe de la Guardia Nacional de París. Se le concedió el título de "Héroe de los dos mundos".

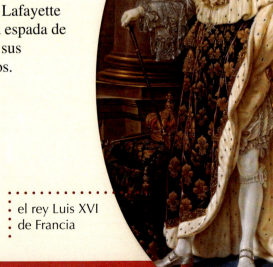

el rey Luis XVI de Francia

Lafayette con su hijo, Georges Washington de Lafayette

¿Robar los muebles?

Lafayette trató por todos sus medios de conseguir ayuda para Estados Unidos. Un funcionario francés dijo: "Es una suerte para el rey que a Lafayette no se le haya ocurrido despojar a Versalles de sus muebles para enviárselos a sus queridos estadounidenses, ya que su Majestad sería incapaz de negarse".

Un largo viaje

Lafayette y su tripulación tardaron 38 días en viajar de Francia a Boston. Esa travesía duró menos que la de su primer viaje a Estados Unidos, cuando el marqués desembarcó en Carolina del Sur. El primer viaje duró más de 50 días. Lafayette aprovechó el tiempo del viaje de ida para aprender inglés. En menos de un año, ¡ya hablaba el idioma con fluidez!

En busca de ayuda

Había otra razón importante para que Lafayette viajara a Francia. Quería obtener apoyo para Estados Unidos. Sabía que las tropas estadounidenses necesitaban soldados y más provisiones para ganar la guerra. También sabía que se necesitaba más dinero. Con más dinero, podrían alimentar y vestir en forma adecuada a los soldados estadounidenses. Los franceses podían brindar esa ayuda. Su colaboración podría cambiar el curso de la guerra. Lafayette utilizó sus influencias en Francia para conseguir lo que Estados Unidos necesitaba.

Lafayette navegó desde Francia hasta Boston en 1780.

Lafayette regresó a Estados Unidos en 1780. Llevó el dinero, los barcos y las provisiones que necesitaban las tropas. Primero se dirigió a Boston, donde se reunió con Washington. Después, viajó a Filadelfia para reunirse con oficiales franceses y entregarles unos documentos. Los colonos acababan de sufrir la peor derrota de la guerra en Charleston, Carolina del Sur. Los británicos habían capturado a más de 3,000 soldados y gran parte de su armamento. Los colonos se encontraban en una situación difícil. La noticia de que Lafayette había traído ayuda alimentó las esperanzas del pueblo estadounidense.

Lafayette cumplió su palabra. Demostró ser un firme defensor de la causa estadounidense. Washington ahora miraba las futuras batallas con más optimismo.

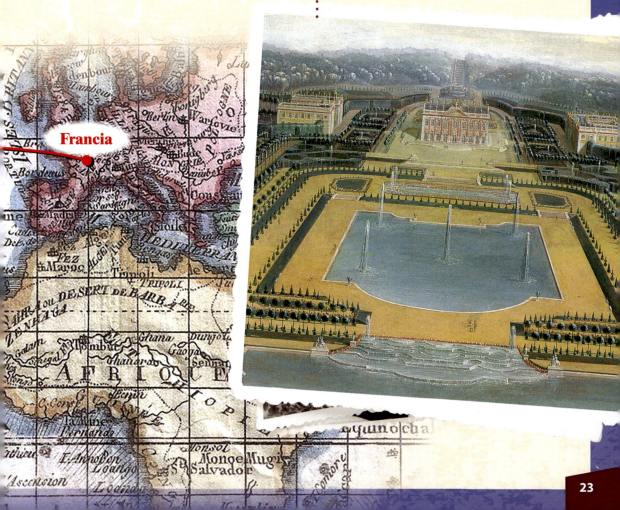

El rey vivía en el palacio de Versalles, en Francia.

23

La rendición británica

Washington, Hamilton y Lafayette unieron sus esfuerzos en una última batalla en Yorktown. A principios de año, Hamilton había dejado su trabajo como ayudante de Washington a raíz de una discusión. Lafayette y Hamilton pasaron los siguientes seis meses intentando convencer a Washington de que permitiera a Hamilton conducir las tropas. Finalmente, Washington le dio la oportunidad en Yorktown, en la que terminó siendo una de las batallas más importantes de la Revolución estadounidense.

Washington utilizó las tropas y los barcos que habían llegado de Francia. El 28 de septiembre de 1781, los barcos franceses zarparon hacia Yorktown, Virginia. Tomaron por sorpresa a los británicos y rodearon los barcos que llevaban provisiones. Hamilton y Lafayette dirigieron a los soldados estadounidenses y franceses en tierra. Sus órdenes eran rodear al enemigo y bloquear cualquier vía de escape. Los británicos quedaron atrapados. El **asedio** duró casi tres semanas. Los británicos se rindieron el 17 de octubre. Esta fue la última gran batalla de la guerra.

Alexander Hamilton

Esta victoria no habría sido posible sin la ayuda de Lafayette. El marqués había conseguido recursos adicionales de Francia. Sin esos recursos, los estadounidenses no habrían ganado la batalla.

Los británicos se rinden en Yorktown.

Grandes elogios

Dos días después del ataque a Yorktown, Lafayette le escribió una carta a Washington. Le decía allí que los "conocidos talentos y la gallardía de Hamilton fueron, en esta ocasión, muy evidentes y provechosos".

Una alianza importante

El 23 de diciembre de 1781, Lafayette zarpó hacia su casa en un barco llamado Alliance, que significa "alianza" en francés. ¡Un gran nombre para un barco en el que viajaba quien ayudó a crear una alianza clave para Estados Unidos!

25

Otra vez en casa

Tras la victoria en Yorktown, Lafayette regresó a Francia. Esta vez, recibió una condecoración especial, llamada la Cruz de San Luis. Solo se otorga a las personas que han prestado un gran servicio al ejército.

La conexión de Lafayette con Estados Unidos no terminó allí. Volvió de visita y siguió escribiendo cartas a sus amigos estadounidenses durante el resto de su vida. En Estados Unidos los combates habían terminado, pero quedaba mucho trabajo por hacer.

Cruz de San Luis

La agitación en Europa

Tras su paso por el ejército, Lafayette se unió al gobierno francés en 1784. Años más tarde, cuando el rey se vio obligado a abandonar el poder, se desató el caos en Francia. Al mismo tiempo, estalló la guerra entre Francia y Austria. Lafayette huyó para evitar que lo mataran.

No llegó lejos. Fue capturado en Bélgica y enviado a Austria durante cinco años como prisionero de guerra. Tras su liberación, regresó a Francia y siguió luchando por la libertad.

La Revolución francesa marcó una época violenta en la historia de Francia.

Fuga de prisión

Mientras Lafayette estaba en prisión, Angelica Schuyler Church, cuñada de Hamilton, intentó ayudarlo a escapar. Ella y su marido, John Barker Church, idearon un plan para sacarlo a escondidas en el carruaje de un médico. Lafayette consiguió salir de la prisión, pero fue recapturado poco tiempo después.

Amigos para siempre

Washington y Lafayette fueron amigos toda la vida. Una gran muestra de esta amistad fue que, mientras Lafayette estaba en prisión, enviaron a su hijo, el joven Georges Washington de Lafayette, a vivir con Washington como medida de protección.

Una vida de servicio

Lafayette pasó su vida prestando servicios. Aunque era un hombre rico, trabajó casi siempre en el ejército o en el gobierno. Quería que los demás tuvieran una vida mejor. Creía que un gobierno debía representar a todos los habitantes de un país, no solo a una **élite** reducida. Ayudó a Estados Unidos a alcanzar ese objetivo y trabajó el resto de su vida para llevar ese sueño a Francia. Tenía convicciones firmes y se esforzó mucho por transmitirlas y defenderlas.

Lafayette vivió una vida **bicultural**. Siempre honró a su país natal, Francia, sin dejar de sentir un afecto especial por Estados Unidos. El vínculo que entabló con Washington y Hamilton perduró después de la guerra. Se escribían cartas y se visitaban. Las palabras que intercambiaron revelan una gran amistad y un gran respeto mutuo.

Esta resolución del año 2002 declaró a Lafayette ciudadano honorario de Estados Unidos.

Suelo estadounidense

Lafayette murió en 1834, a los 76 años. Su cuerpo fue cubierto con tierra que se había llevado de Estados Unidos en un viaje reciente. Pidió ser enterrado en suelo francés y estadounidense como símbolo de su lealtad a ambos países.

¿Ser o no ser ciudadano?

Lafayette fue nombrado ciudadano honorario de cada una de las colonias por su servicio. Disfrutó de este reconocimiento durante el resto de su vida. Pero, en 1935, se decretó que su ciudadanía no era válida. Así fue hasta 2002, cuando Lafayette fue declarado por fin ciudadano honorario de Estados Unidos.

Glosario

alianza: un grupo que trabaja unido para lograr un objetivo

asedio: un tipo de operación militar en la que un bando rodea una ciudad o un edificio e impide el acceso a las provisiones para obligar al bando enemigo a rendirse

bicultural: que se relaciona con dos culturas diferentes

campiña: una gran extensión de tierra cultivada

Consejo de Guerra: un comité creado para supervisar la administración del Ejército Continental y hacer recomendaciones sobre el ejército al Congreso

convocó: llamó o mandó a buscar a alguien

desafiar: desobedecer

destrezas: habilidades o talentos

élite: una minoría de personas que tienen mucho dinero o poder

emboscada: la acción de esconderse para atacar por sorpresa a otro

escasas: insuficientes, mínimas

herencia: algo (dinero, objetos, tierras, etc.) que se recibe de una persona cuando fallece

licencia: permiso para hacer algo

matrimonio concertado: un matrimonio planificado y acordado por las familias de los novios

neutral: que no elige ningún bando en un conflicto o una guerra

principios: las creencias de una persona sobre lo que está bien y lo que está mal

propaganda: la difusión organizada de determinadas ideas

retirada: la acción de alejarse del enemigo

tiranía: un gobierno severo o cruel

vados: masas de agua poco profundas que pueden cruzarse a pie

Índice

Alliance (barco), 25
batalla de Brandywine, 16–17
batalla de Yorktown, 24–26
Casa Blanca, 4–5
Church, Angelica Schuyler, 27
Church, John Barker, 27
Congreso Continental, 10, 20
Conway, conspiradores de, 19
Conway, Thomas, 19
Cruz de San Luis, 26
de Lafayette, Georges Washington, 20–21, 27
Ejército Continental, 17, 19
Filadelfia, 12–13, 17, 23
Francia, 4, 6–11, 13, 20, 22–28
Franklin, Benjamin, 8–9

Gates, general Horatio, 19
Gran Bretaña, 4, 6, 10
Hamilton, Alexander, 4, 14–15, 17–18, 24–25, 27–28
La Victoire (barco), 10
parque Lafayette, 4–5
Revolución estadounidense, 9, 14, 24
Revolución francesa, 27
rey Luis XVI, 10–11, 20, 22–23, 27
Valley Forge, 18–19
Washington D. C., 5
Washington, George, 4, 12–20, 23–25, 27–28

¡Tu turno!

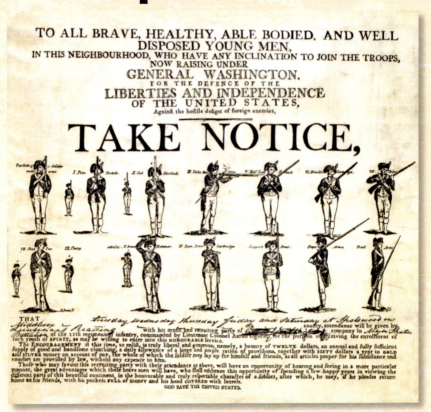

Arriba se muestra un cartel con el que se buscaba reclutar a jóvenes soldados para la Revolución estadounidense. En la parte de arriba, dice: "Atención a todos los jóvenes valientes, sanos y en buen estado físico que deseen unirse a las tropas reunidas bajo el mando del general Washington. Para la defensa de las libertades y la independencia de Estados Unidos, contra los planes hostiles del enemigo extranjewro. PRESTEN ATENCIÓN". Las frases como "Atención a todos los jóvenes valientes, sanos y en buen estado físico" y "puede, si así lo deseara, volver a casa con sus amigos, con los bolsillos llenos de dinero y la cabeza cubierta de laureles", en la parte de abajo, podrían convencer al lector de unirse a la causa. Después de estudiar el cartel, crea un cartel de respuesta en el que se destaquen algunas de las razones por las que alguien podría NO querer convertirse en soldado.